Género Texto expositivo

Pregunta esencial
¿Cómo cambia la Tierra?

I0800823

TERREMOTOS

Elizabeth Doering

Capítulo 1
La Tierra se mueve 2

Capítulo 2
¿Qué causa los terremotos? 8

Capítulo 3
Medición de terremotos 13

Respuesta a la lectura 15

LECTURA COMPLEMENTARIA **Glaciares** 16

Glosario/Índice 19

STEM Enfoque: Ciencias 20

La Tierra se mueve

Imagina esto. En casa, una lámpara colgante se balancea. Escuchas ruido de platos y vasos. ¿Acaba de pasar un camión por la calle? Tal vez sientas una sacudida. ¿Algo golpeó la casa? Así puede sentirse un terremoto.

Un terremoto muy fuerte tuvo lugar en San Francisco, California, en 1989.

Un fuerte terremoto azotó China en 2010.

Los grandes terremotos son noticias destacadas. Han estado sucediendo desde hace mucho tiempo, pero sabemos poco sobre los terremotos del pasado. No existen registros detallados de esos temblores. No conocemos su tamaño ni todos sus efectos. Sabemos más sobre los terremotos actuales.

Millones de estadounidenses sintieron un terremoto en agosto de 2011. Su centro fue en Virginia. Lo sintió gente que estaba a cientos de millas. Temblaron edificios en Washington D. C. y Nueva York, ¡y hasta edificios lejanos en Nueva Inglaterra!

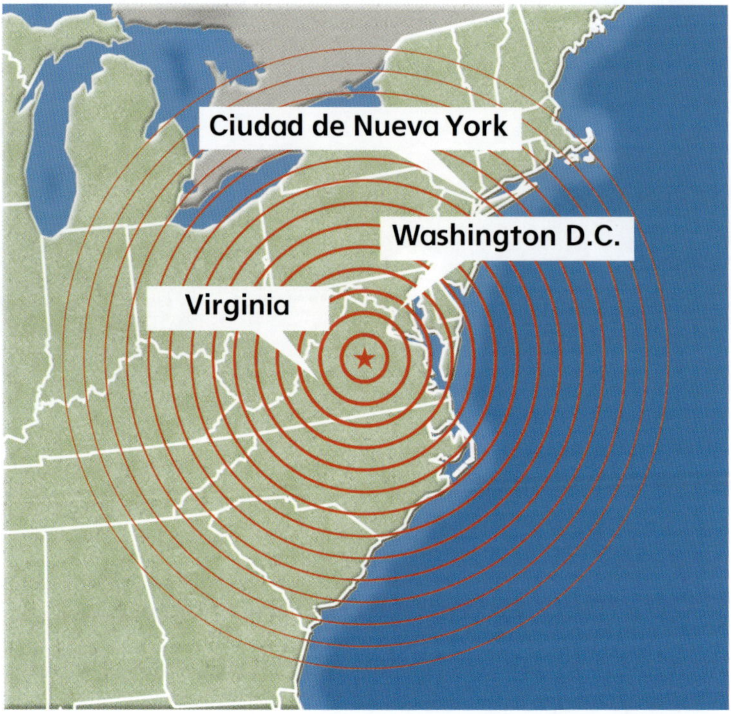

El mapa muestra los efectos del terremoto de 2011.

Entender el mapa

La estrella representa el centro del temblor. Los círculos muestran el área afectada. La gente que estaba cerca del centro lo sintió más.

En marzo de 2011, hubo un fuerte terremoto en Japón. Movió 8 pies (2.4 metros) la isla principal de Japón. ¡Este terremoto fue tan fuerte que llegó a desplazar el **eje** de la Tierra!

En la nación insular de Japón hay muchos terremotos.

Los terremotos suelen suceder cerca de las líneas de falla, que son grietas hondas en el suelo. En California, la falla de San Andrés es una falla activa donde ha habido temblores muy fuertes. Pero no todos los terremotos de Estados Unidos han ocurrido allí.

¿Lo sabías?

Los dos terremotos más grandes de Estados Unidos ocurrieron en Alaska en 1964 y 1965.

La falla de San Andrés se extiende a lo largo de casi todo el territorio de California.

El río Mississippi corre de norte a sur y mide más de 2,300 millas de largo.

Los terremotos pueden hacer que grandes áreas de tierra se levanten o desciendan. Esto ocurrió en 1811 y 1812 cerca del río Mississippi. Se abrieron hondas grietas en el suelo. Hubo desprendimientos de tierra en colinas empinadas. El río creció y formó grandes olas. Los ríos suelen correr en una dirección, pero estos terremotos hicieron que el agua se moviera en sentido contrario. ¡El río parecía <u>ir</u> hacia arriba!

Detective del lenguaje	Conjuga en presente el verbo subrayado en esta página.

Capítulo 2

¿Qué causa los terremotos?

¿Por qué suceden los terremotos? Para entenderlo, debemos estudiar las propiedades de la superficie de la Tierra, llamada corteza. Parece una sola pieza sólida, pero está formada por piezas fracturadas, llamadas **placas**.

Este diagrama muestra la corteza en la tierra y bajo los océanos.

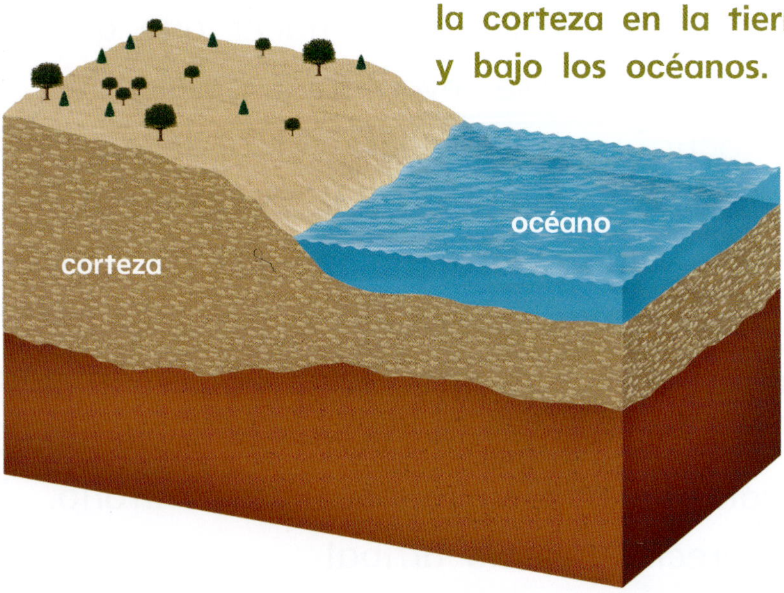

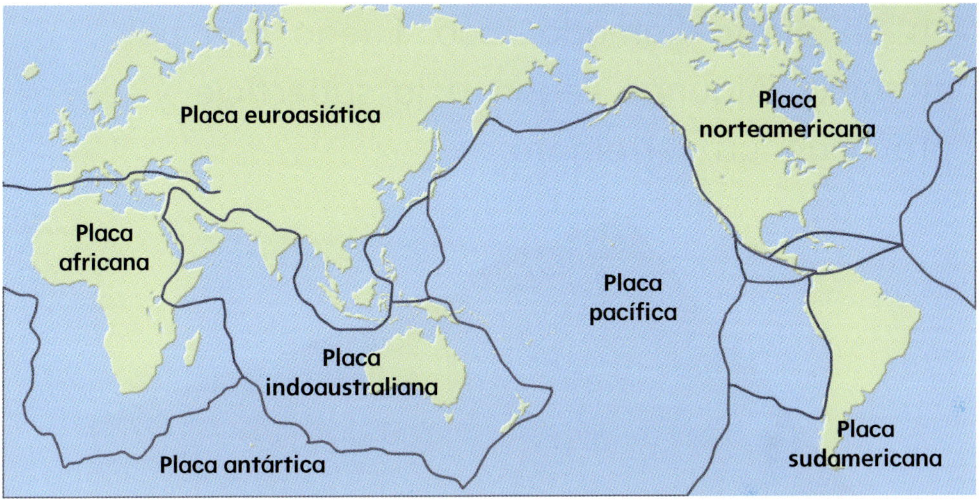

Los terremotos suelen ocurrir cerca de donde se juntan dos placas. Las líneas muestran el contorno de las placas.

Placas

Las placas se mueven todo el tiempo. No lo sentimos porque se mueven muy lentamente. A veces, se deslizan una encima de otra. También pueden alejarse una de otra. Son movimientos subterráneos que pueden hacer explotar enormes trozos de roca. Esto provoca ondas expansivas.

Ondas expansivas

Las ondas expansivas nacen bajo tierra en un punto llamado foco. Luego van por el suelo. Algunas llegan a la superficie y provocan un terremoto.

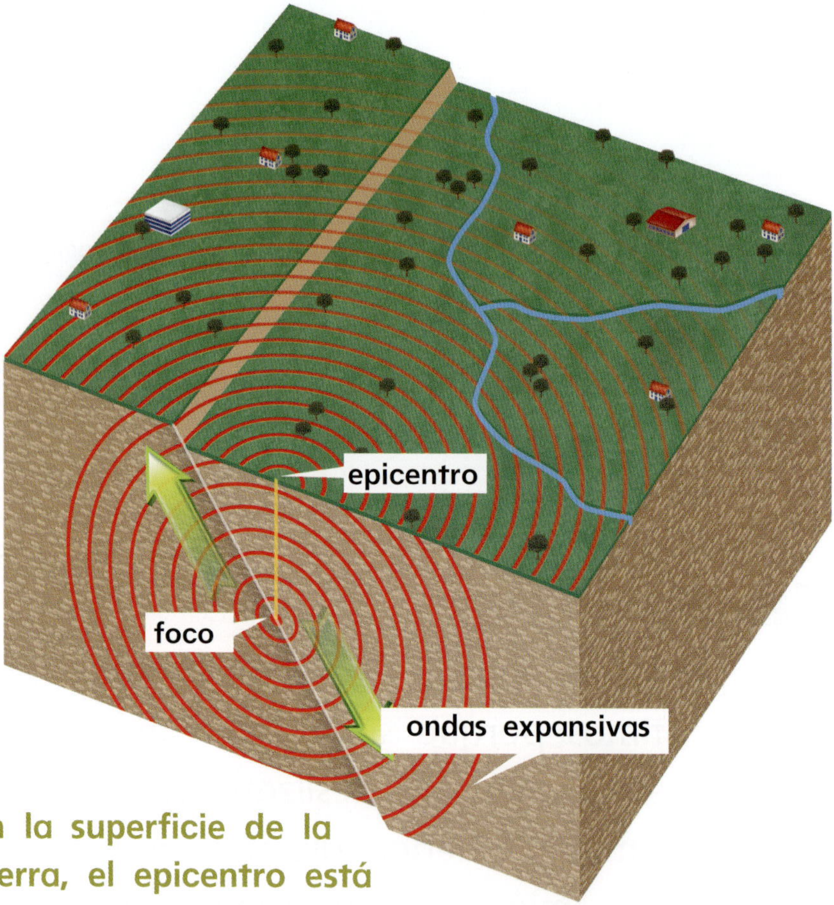

En la superficie de la Tierra, el epicentro está justo encima del foco.

Detective del lenguaje	El verbo subrayado en esta página está en presente. ¿Puedes ponerlo en pretérito?

En la superficie, el terremoto es más fuerte en el epicentro. Las personas que están más lejos del epicentro no sienten tanto el temblor.

También puede haber terremotos bajo el agua. Pueden causar un **tsunami**.

Tsunami es una palabra del idioma japonés que significa "ola de puerto".

Tsunamis

Los *tsunamis* son olas oceánicas gigantes. ¡Pueden ser tan altas como un edificio de diez pisos! Mar adentro, no son tan grandes, pero viajan a gran velocidad. Al aproximarse a la tierra, arrastran toda el agua cercana a la costa. Por eso, el *tsunami* se convierte en una enorme pared de agua. Choca contra la tierra con una fuerza brutal.

Así se ve un *tsunami* al juntar fuerza.

Capítulo 3

Los sismógrafos modernos miden la fuerza de los movimientos de la Tierra durante un terremoto.

Medición de terremotos

Algunos terremotos causan mucho daño. Otros son menores y ni se sienten. Sin embargo, los científicos que estudian los terremotos saben que están ocurriendo. Usan una máquina llamada **sismógrafo**, que mide los temblores. Da la **magnitud** local, que indica cuán fuerte es un terremoto en determinado lugar.

Ahora se sabe mucho más sobre los terremotos que en el pasado. Es más fácil predecir dónde podrían suceder. Gracias a esto, la vida es más segura para quienes viven en áreas de terremotos o *tsunamis*.

Este sismógrafo se usó en la antigua China para detectar terremotos.

Respuesta a la lectura

Resumir

Usa detalles como ayuda para resumir *Terremotos*.

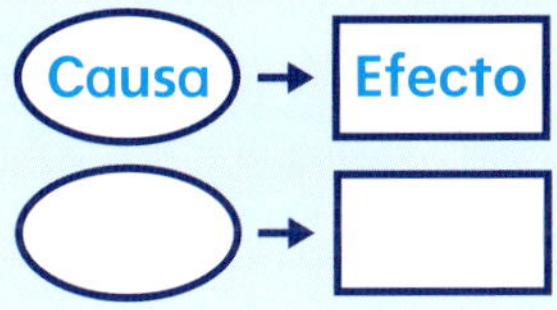

Evidencia en el texto

1. ¿Cómo sabes que *Terremotos* es un texto expositivo? Género
2. ¿Qué puede pasar si hay un terremoto bajo el agua? Causa y efecto
3. Usa las claves en la oración para hallar el significado de la palabra *menores* en la página 13. Claves en la oración
4. Escribe sobre cómo ocurren los terremotos. Escribir sobre la lectura

Género **Texto expositivo**

Compara los textos

Lee para saber cómo cambian la Tierra los glaciares.

Glaciares

Los glaciares son enormes masas de hielo, nieve, roca, arena y agua. Suelen formarse en la cima de montañas nevadas. La nieve nueva se acumula en capas pesadas sobre la nieve existente. Las capas se compactan por el gran peso de la nieve y se forma hielo bajo la capa superior. Esto crea un campo de hielo que se desliza por las laderas hasta los valles. Lentamente, el glaciar comienza a moverse.

El hielo del glaciar puede verse azul.

Ríos de hielo

Los glaciares son como ríos de hielo. No están quietos. Se mueven. Una gran masa de hielo en movimiento modifica el paisaje.

Enormes trozos de este glaciar en Alaska se desmoronan sobre la bahía.

Hay glaciares en todo el mundo. Hay glaciares incluso cerca del ecuador. Allí la tierra puede ponerse muy caliente, pero los glaciares están en lo alto de las montañas, donde hace más frío.

El glaciar sobre el monte Kilimanjaro, en Tanzania, África, se está derritiendo.

Derretimiento

Los glaciares pueden derretirse. Las temperaturas cada vez más altas podrían hacer que los glaciares de la Tierra se derritan más rápido. Los glaciares contienen alrededor de tres cuartos del agua dulce del mundo. ¿Qué pasaría si se derritieran?

Haz conexiones

¿Cómo cambian la Tierra los terremotos? **Pregunta esencial**

¿En qué se parecen los glaciares a los *tsunamis*? ¿En qué se diferencian? **El texto y otros textos**

Glosario

eje línea imaginaria alrededor de la cual gira la Tierra ***(página 5)***

magnitud cantidad o tamaño ***(página 13)***

placa gran capa de roca que forma parte de la superficie de la Tierra ***(página 8)***

sismógrafo máquina que mide y registra los terremotos ***(página 13)***

tsunami enorme ola oceánica que choca contra la costa ***(página 11)***

Índice

corteza, *8*

falla de San Andrés, *6*

glaciar, *16–18*

magnitud, *13*

ondas expansivas, *9–10*

placas, *8–9*

río Mississippi, *7*

sismógrafo, *13*

tsunami, *11–12*

Enfoque: Ciencias

Propósito Hacer un modelo para mostrar cómo los terremotos cambian la superficie de la Tierra

Paso a paso

Paso 1 Trabaja en grupo, al aire libre. Reúne un lápiz, una bandeja, dos trozos de tela, tierra húmeda y juguetes pequeños.

Paso 2 Pon la tela en la bandeja. Deja los extremos afuera. Llénala con tierra y compáctala. Con el lápiz, haz un camino en el centro.

Paso 3 Pon los juguetes arriba. Jala las telas en direcciones opuestas.

Conclusión Escribe un párrafo sobre los resultados. ¿En qué se parece esto a un terremoto?